STUD BOOK CONTINENTAL

DES

RACES CANINES

(S. B. C.)

T. I. 1

PARIS. — TYP. PAUL SCHMIDT, 5, RUE PERRONET

STUD BOOK CONTINENTAL

DES

RACES CANINES

(S. B. C.)

Chiens primés aux Expositions de France, Belgique, Hollande et Allemagne, de 1863 à 1881

TOME PREMIER

PARIS

L. CRÉMIÈRE, DIRECTEUR DU JOURNAL *LE CHENIL*

8, RUE JEAN-JACQUES-ROUSSEAU, 8

1882

ABRÉVIATIONS

K. *C.* S. *B.* — Kennel Club Stud Book.

D. H. S. B. — ***Deutsches Hund-Stamm-Buch.***

S. B. C. — Stub Book continental des races canines.

EXPOSITION UNIVERSELLE

DES

RACES CANINES

AU

Jardin zoologique d'acclimatation du Bois de Boulogne

OUVERTE DU 3 AU 10 MAI 1863

Noms des Membres de la Commission chargée de l'organisation de l'Exposition.

M. DE QUATREFAGES DE BRÉAU, *président de la Commission.*

MM. le comte d'Éprémesnil, secrétaire général de la Société impériale et de la Société du Jardin d'acclimatation; Rufz de Lavison, directeur du Jardin; A. Geoffroy Saint-Hilaire, directeur adjoint; de Belleyme, Jacquemart; Ruffier; Bonneau du Martray; de Saint-Albin-Lagayère; Léon Bertrand; Godde; Gaillard; Gillet de Grandmont; Pierre Pichot.

Membres du Jury d'admission.

MM. Le Couteulx de Canteleu, de Noirmont, Jadin, Gillet de Grandmont, Leblanc père et fils, Pierre Pichot.

Noms des Membres du Jury, répartis en quatre sous-commissions.

M. DE QUATREFAGES DE BRÉAU, *président du jury.*

1re SOUS-COMMISSION. — Chiens d'utilité.

Président : le vicomte DE LA ROCHEFOUCAULD.

MM. le comte d'Éprémesnil, Ed. André, de Belleyme, le baron de Carayon-Latour, A. Geoffroy Saint-Hilaire, Jacquemart, le comte le Couteulx de Canteleu, P. Pichot, Rousseau, Rufz de Lavison, le vicomte de Valmer.

2e SOUS-COMMISSION. — Chiens de chasse à courre.

Président : le prince de Wagram.

MM. le comte H. de l'Aigle, P. Caillard, le marquis de Dampierre, le comte Maurice de Ganay, Gérusez, le comte de Greffulhe, le vicomte de Grente, Jadin, le comte de Lentillac, le comte de Lorge, le duc de Plaisance, de Pully, de Salverte.

3e SOUS-COMMISSION. — Chiens d'arrêt.

Président : le comte de Nieuwerkerke.

MM. de la Besge, le comte des Cars, le vicomte Clary, Delamarre, Ed. Dufour, Gillet de Grandmont, le baron de Noirmont, le comte d'Orglandes, de Saint-Albin-Lagayère, le baron de Saint-Pierre, Pomme, Ruffier, le comte de Valon, Walker.

4e SOUS-COMMISSION. — Chiens de luxe.

Président : M. Leblanc.

MM. le vicomte de Chezelles, de la Débutrie, Desvignes, Godin, Makensie, Grieves, Ch. Jacque, de Quatrefages, le baron de Rothschild, Smith, Vernois.

LISTE DES DONS POUR LES PRIX

S. A. le Prince impérial, une médaille d'or.

Société impériale d'acclimatation	2.000 fr.
Jardin d'acclimatation	2.500
S. Exc. M. Drouyn de Lhuys, ministre des affaires étrangères et président des deux sociétés, une médaille d'or.	
Dames patronnesses du Jardin d'acclimatation	2.120
Ville de Paris	1.000
Ministère de l'agriculture (quatre médailles)	200
Jockey-Club	1.000
Grande vénerie impériale	500
M. le baron James de Rotschild	500
M. Furne, un objet d'art, évalué	300
Prix du Poitou	280
Sport	200
M. Léon de Laval	100
Journal des chasseurs	70

M. Pallu, un objet d'art.
M. Jadin, un portrait de Chien.
M. Ch. Jacque, un portrait de Chien.
M. Philippe Rousseau, un portrait de Chien.
M. Godin, statuette d'un Chien primé.

Chiens primés en 1863

CHIENS DE BERGER FRANÇAIS

1. Charmante, chienne de berger à long poil, à M. Janet. 1er prix, médaille d'or de 100 francs donnée par la Ville de Paris.
2. Brisach, chien de bœufs, à M. Murat. 2e prix, médaille d'or de 100 francs donnée par la Ville de Paris.
3. Caporal, chien de berger français, à M. Nermel. 3e prix, médaille d'argent donnée par le ministre de l'agriculture.
4. Libertin, chien de berger français, à M. Milon. 4e prix, médaille de bronze.
5. Simon, chien de berger français, à M. Vaudequin. 5e prix, mention honorable.
6. Mouton, chien de berger, à M. Reboul. 6e prix, mention honorable.

CHIENS DE BERGER ÉCOSSAIS

7. Héro, chien de berger écossais, à M. Thomas Arthur. 2e prix, médaille d'or donnée par le ministre de l'agriculture.
8. Popoff, chien de berger de Crimée, à M. Crombez. 3e prix, médaille d'argent.

CHIENS DE GARDE

9. Sultan, chien des Alpes, à M. L. S. Hébert. 1er prix, médaille d'or de 200 francs donnée par S. E. le ministre des affaires étrangères.
10. X..., chien du mont Saint-Bernard, à M. le comte d'Osmond. 2e prix, médaille d'or.

11. Torrent, chien du mont Saint-Bernard, à M. de Mont-Blanc. 2e prix, médaille d'or donnée par S. E. le ministre de l'agriculture.

12. Jasot, chien des Alpes, à M. Liotard. 3e prix, médaille d'argent donnée par S. E. le ministre de l'agriculture.

13. Pacha, chien des Pyrénées, à M. Chouippe. 4e prix, médaille de bronze.

14. Lion, chien mâtin français, à M. Ploch. 5e prix, médaille de bronze.

15. Brahma, chien des Pyrénées, à M. Chouippe. 6e prix, mention honorable.

CHIENS DE TERRE-NEUVE ET DU LABRADOR

16. Diamant, chien de Terre-Neuve, à M. Chaix. 1er prix, médaille d'or de 150 francs donnée par la Ville de Paris.

17. Grisette, chienne du Labrador, à M. le duc de Brunswick. 2e prix, médaille d'argent de 75 francs donnée par la Ville de Paris.

18. Dragon, chien de Terre-Neuve, à M. Rapp. 3e prix, médaille d'argent.

19. Lara, chien de Terre-Neuve, à M. Depagniat. 4e prix, médaille d'argent.

20. Baltic, chien de Terre-Neuve de petite race, à M. Kirgener de Planta. 5e prix, médaille de bronze.

CHIENS DOGUES (*Mastiff*).

21. Magenta, chien dogue bordelais, à M. Radigué. 1er prix, médaille d'or de 150 francs donnée par la Ville de Paris.

22. Pataud, chien dogue espagnol, à M. Ravaud. 2e prix, médaille d'argent de 75 francs.

BULL-DOGS

23. Skidam, chien bull-dog, à M. Charles Petit. 1er prix, médaille d'or de 100 francs donnée par la Ville de Paris.

24. Bull, chien bull-dog bringé, à M. Jollivet. 2e prix, médaille d'argent de 60 francs.

25. Fox, chien bull-terrier, à M. Mathieu. 3e prix, médaille d'argent.

26. Box, chien bull-dog bringé, à M. le marquis de Préault. 4e prix, médaille d'argent.

27. Stop, chien bull-dog, à M. Vrillotte. 5e prix, médaille d'argent.

28. Lisette, chienne bull-dog, à M. Brouvet. 6e prix, médaille d'argent.

29. Spot, chien bull-dog bringé, à M. le comte Lecoulteux. 7e prix, médaille d'argent

30. Lisbonne, chienne bull-terrier, à M. Macquart. 8e prix, médaille de bronze.

31. Nicolas, chien bull-terrier, à M. Duhamel. 9e prix, médaille de bronze.

32. Médor, chien bull-dog bringé, à M. Gonneville. 10e prix, médaille de bronze.

33. Trim, chienne bull-terrier, à M. le comte de Saint-Martin. 11e prix, médaille de bronze.

BULL-TERRIERS *au-dessus de 5 kilos.*

34. Rose, chienne bull-terrier, à M. d'Onsembray. 1er prix, médaille d'argent, 75 francs et le portrait offert par M. Rousseau.

35. Bess, chienne bull-terrier, à M. James Palant. 2e prix, médaille d'argent de 50 francs.

36. Bouton, chien bull-terrier, à M. Delforge. 3e prix, médaille d'argent.

37. Cartouche, chienne bull-terrier bringé, à M. Baïer. 4e prix, médaille d'argent.

38. Mastoquet, chien bull-terrier, à M. Milleret d'Omirecourt. 5e prix, médaille d'argent.

39. Fifi, chien bull-terrier, à M. Narcisse Jude. 6e prix, médaille de bronze.

BULL-TERRIERS *au-dessous de 5 kilos.*

40. Rigolette, chien bull-terrier, à M. Julien Joussard. 1er prix, médaille d'argent de 75 francs.

41. X..., chien bull-terrier, à M. Coupeux. 2e prix, médaille d'argent.

42. X..., chienne bull-terrier blanche, à M. Denne. 3e prix, médaille d'argent.

43. Boulette, chienne bull-terrier bringé, à M. Chéron. 4e prix, médaille de bronze.

TERRIERS A POIL RAS *au-dessus de 4 kilos.*

Pas de 1er et de 2e prix.

44. Miss, chienne terrier, à M. Descombes. 3e prix, médaille d'argent.

45. Doguin, chien terrier, à M. Ravry fils. 4e prix, médaille d'argent.

TERRIERS *au-dessous de 4 kilos.*

46. Ketty, chienne terrier, à M. Maillard. 1er prix, médaille d'argent de 75 francs.

47. Daisy, chien terrier blanc, à M. Mac-Donald. 2e prix, médaille d'argent de 50 francs.

48. Bell, chien rattier anglais, à M. Trefouel. 3e prix, médaille d'argent.

49. Topsy, chienne terrier toy, à M. le comte d'Osmond. 4e prix, médaille d'argent.

50. Duk, chien terrier anglais, à M. Mac-Donald. 5e prix, médaille de bronze.

51. X..., chienne terrier anglais, à M. Joseph Corneli. 6e prix, mention honorable.

TERRIERS A LONG POIL

52. Charles, chien skye, à M. d'Onsembray. 1er prix, médaille d'argent de 75 francs.

53. Jenny, chienne skye, à M. Olive. 2e prix, médaille d'argent de 50 francs.

54. Bijou, chienne terrier griffon, à M. Milleret d'Omirecourt. 3e prix, médaille d'argent.

55. Toby, chien griffon écossais, à M. Ravry fils. 4e prix, médaille d'argent.

56. Mop, chien scotch terrier, à M. Barlas. 5e prix, médaille d'argent.

57. Turc, chien terrier nain, à M. Erdmann. 6e prix, médaille de bronze.

58. Mauviette, chienne terrier griffon, à M. le comte d'Osmond. 7e prix, médaille de bronze.

59. Bock, chien scotch terrier, à M. Pierson. 8e prix, médaille de bronze.

CHIENS DANOIS

60. Lisbonne, chienne grand danois, à M. Coupeux. 1er prix, médaille d'or de 100 francs.

61. Princesse, chienne grand danois, à M. Bocquet. 2e prix, médaille d'argent de 50 francs.

62. Pacha, chien grand danois croisé, à M. Bocquet. 3e prix, médaille de bronze.

63. Pyrame, chien grand danois croisé, à M. Herbert père. 4e prix, médaille de bronze.

CHIENS COURANTS FRANÇAIS

64. Commandeur, chien de Virelade, à M. le baron Joseph de Carayon-Latour. Grande médaille d'honneur (1).

---

(1) La race de Virelade provient du croisement des chiens de Saintonge et de Gascogne. Elle n'est pas une création, mais une amélioration, une reconstitution de ces deux espèces qui doivént leur origine à la même souche.

J'ai été initié dans les principes de vénerie par le comte de Saint-Légier et le baron de Ruble. Ces deux veneurs, fidèles conservateurs des anciennes traditions, ont aimé la chasse comme une science qui a ses préceptes et ses lois. Le comte de Saint-Légier possédait une race de chiens de Saintonge qu'il conserva précieusement pendant sa longue carrière; quelques individus de cette espèce existent encore chez son petit-fils, le vicomte Henri de Saint-Légier. Le baron de Ruble s'était attaché à la race connue sous le nom de chien de Gascogne, aussi ancienne que la première, et dont il est encore aujourd'hui l'heureux possesseur.

Ces deux espèces étaient de même taille, variant entre vingt-trois et vingt-cinq pouces; elles avaient les qualités qui, de tout temps, ont distingué les chiens français: une grande finesse de nez, une belle gorge et une menée noble et droite.

Les chiens de Saintonge, sous poil blanc, marqué de noir, avaient la tête fine, l'oreille papillotée, le cou long et léger, la poitrine profonde, le rein harpé mais étroit, la cuisse plate, la queue basse, la patte de lièvre sèche et nerveuse.

Les chiens de Gascogne sous poil bleu, marqué de noir, avaient la tête forte, l'oreille longue et papillotée, les babines un peu pendantes, le dos large et musclé, la hanche saillante, la queue fine et relevée sur le coin, les membres très forts.

Les premiers, délicats, difficiles à élever, manquaient d'activité et péchaient surtout par le tempérament, ce qui provenait de la constance regrettable que le comte de Saint-Légier avait mise dans ses croisements, n'attachant à tort aucune importance aux fâcheuses et inévitables conséquences de la consanguinité. Cette race, cependant, avait dans les grandes journées, malgré son manque d'énergie, une persistance très

65. Monthabor, foxhound, à M. Desvignes. Grande médaille d'honneur ex-æquo.

66. Majar, chien de Gascogne, à M. le baron de Rubble. Grande médaille d'or.

67. Gerfaut, chien courant d'Artois, à M. Flour. 2e prix, médaille d'argent.

68. Mirabeau, chien courant, à M. le comte de La Ferrière. 3e prix, médaille d'argent.

69. Gouverneur, chien courant, à M. le comte Branicki. 4e prix, médaille d'argent.

70. Figaro, chien courant d'Artois, à M. Flour. 5e prix, médaille de bronze.

BRIQUETS ET CHIENS A LIÈVRE

71. Janus, chien briquet, à M. de Bon. 1er prix, médaille d'or.

72. Verdeau et Termineau, briquets, à M. Sauvage. 2e prix, médaille d'argent.

---

remarquable à maintenir sa voie, ce qui dénotait chez elle un véritable amour de la chasse, et certainement une illustre origine.

Les chiens de Gascogne étaient d'une vigoureuse santé, intelligents, ardents et actifs dans les défauts; ils chassaient le loup d'amitié et le lièvre avec une rare perfection.

En dehors de ces deux races existaient, dans la Gironde, quelques individualités isolées, provenant de l'ancien équipage d'une société bordelaise dirigée par M. Desfourniel. Ces chiens, dits chiens de Bordeaux, avaient beaucoup d'affinité avec les races de Saintonge et de Gascogne, que je viens de décrire. M. Desfourniel, véritable veneur, partisan décidé de la chasse française, avait élevé de très beaux sujets, dont j'ai rencontré quelques types qui m'ont été très utiles.

Ces espèces, dont on ne trouve pas une description technique dans les anciens ouvrages de vénerie, devaient avoir une même origine et provenaient sans doute du croisement des chiens blancs et des chiens noirs, dont parle le roi Charles IX dans son traité sur la chasse.

A mes débuts, je fus donc en présence des races de chiens français les meilleures et les plus pures. Ayant eu l'occasion de chasser souvent avec les plus beaux équipages du nord de la France et de juger à

CHIENS COURANTS BATARDS

73. Barbouillaud, chien courant, à M. Jacquault. 1er prix, médaille d'or.

74. Jupiter, chien courant, à M. le comte des Cars. 2e prix, médaille d'argent.

75. Camarade, chien courant, à M. Couteaux. 3e prix, médaille d'argent.

76. Bricole, chien courant, à M. Couteaux. 4e prix, médaille d'argent.

77. Junon, chien courant, à M. le comte des Cars. 5e prix, médaille de bronze.

78. X..., chien courant, à M. le comte des Cars. 6e prix, médaille de bronze.

79. Coriolo, chien courant, à M. Jacquault. 7e prix, médaille de bronze.

BASSETS

80. Ravo et Deer, bassets, à M. Lebee. 1er prix, médaille d'or.

81. Miraut, basset, à M. Deas. 2e prix, médaille d'argent.

---

l'œuvre un grand nombre de meutes de chiens anglais et de bâtards, il me fut permis d'apprécier les qualités de ces différentes espèces. Je n'hésite pas à donner toute ma préférence aux chiens français : « Droit dans la voie, » fut ma devise d'équipage, et je me livrai avec persévérance au développement de la race qui a pris le nom de Virelade.

C'est à la suite d'accouplements judicieux, d'une fortifiante éducation, que les chiens formant aujourd'hui mon équipage ont été obtenus. Par l'union des deux espèces de Gascogne et de Saintonge, le sang de ces deux races s'est vivifié, la force et la santé se sont trouvées alliées avec l'élégance et la légèreté.

J'aime à reconnaître que mon but aurait été difficilement atteint, si je n'avais pas rencontré dans Jacques Baratte, qui a tenu ce livre généalogique, une rare intelligence comme piqueur, un parfait dévouement et un amour passionné pour la chasse des chiens français.

Joseph de Carayon-Latour.

82. Ravaude, basset, à M. Moreau Chaslon. 3e prix, médaille d'argent.

83 et 83 *bis*. Waldmann et Waldine, bassets, à M. Reignard. 4e et 5e prix, médailles d'argent.

84. Ravaude, bassette, à M. Barbier. 6e prix, médaille de bronze.

85. Ronflo, basset, à M. Remy. 7e prix, médaille de bronze.

CHIENS D'ARRÊT

86. X..., chien épagneul écosais, à M. Caillaud. Grande médaille d'honneur donnée par le baron James de Rotschild.

87. Fox, chien braque Dupuy, à M. Cazères. 1er prix, médaille d'or de 100 francs.

88. Zédor, chien braque picard, à M. Richard. 2e prix, médaille d'or de 100 francs.

89. Kelssa, chien braque français, à M. Sabard de Pierrelaye. 3e prix, médaille d'argent de 50 francs.

90. X..., chien braque français, à M. Geoffroy. 4e prix, médaille d'argent.

91. Leda, chien braque français, à M. Delye. 5e prix, médaille d'argent.

92. Block, chien braque breton, à M. Malezieux. 6e prix, médaille de bronze.

93. Bally, chien braque du Puy, à M. Housseau. 7e prix, médaille de bronze.

POINTERS ANGLAIS

94. Ranger, pointer à M. Newton. 1er prix, médaille d'or.

95. Doun,
96. Doll, } pointers, à M. Paul Caillard. 2e prix, médaille d'or.

Étaient arrière petits-fils de deux pointers envoyés par le comte d'Orsay à mon père, et cette race provenait du chenil du duc de Devonshire. Paul Caillard.

97. Vénus, pointer, à M. Souchard. 3e prix, médaille d'argent.

98. Diamant, pointer, à M. Hamot. 4e prix, médaille d'argent.

99. Roquelaure, pointer, à M. Malherbe. 5e prix, médaille d'argent.

100. Diane, pointer, à M. le comte de Biencourt. 6e prix, médaille de bronze.

101. Jacques, pointer à M. Jacques. 7e prix, médaille de bronze.

102. Diane, pointer, à M. le comte de Bizemont. 8e prix, mention honorable.

103. Kate, braque français, à M. Solence. 9e prix, mention honorable.

ÉPAGNEULS FRANÇAIS

Pas de 1er prix.

104. Stop, épagneul de Pont-Audemer, à M. Soupey. 2e prix, médaille d'or de 100 francs.

SETTERS ANGLAIS, GORDON ET IRLANDAIS

105. Dick, setter anglais, à M. Caillard. 1er prix, médaille d'or de 200 francs.

106. Tom, setter gordon, à M. Ychery. 2e prix, médaille d'or de 100 francs.

107. Carlo, setter gordon, à M. Derville. 3e prix, médaille d'argent de 60 francs.

108. Major, setter anglais, à M. le comte Branicki. 4e prix, médaille d'argent de 60 francs.

109. Esther, setter écossais, à M. le comte de Damas. 5e prix, médaille d'argent.

110. Silvio, setter écossais, à M. Coulebœuf de Blocqueville. 6e prix, médaille de bronze.

ÉPAGNEULS ANGLAIS CLUMBERS, COCKERS

111. FANNY } cockers du Suffolk, à M. Heath. 1er prix, médaille
112. FLORA } d'or de 200 francs.

113. PRINCE, clumber spaniel, à M. de La Rochetulon. 2e prix, médaille d'or de 100 francs.

RETRIEVERS

114. BESS, retriever, à M. Riley d'Halifax. 1er prix, médaille d'or de 200 francs.

Pas de 2e et 3e prix.

115. ROYAL, retriever, à M. Riley d'Halifax, 4e prix, médaille d'argent.

116. SAILOR, retriever, à M. Pierson. 5e prix, médaille de bronze.

GRIFFONS BARBETS DE GRANDE RACE

117. MOUTON, caniche, à M. Hubert. 1er prix, médaille d'or de 100 francs.

118. RUSTIQUE, barbet, à M. Deuzé. 2e prix, médaille d'argent de 75 francs.

119. MOUTON, caniche, à M. Jérôme. 3e prix, médaille d'argent de 50 francs.

GRIFFONS D'ARRÊT

120. MINOS, griffon français, à M. Gasnier. 1er prix, médaille d'or de 100 francs.

121. BROUSSAILLE, griffon français, à M. Masson. 2e prix, médaille d'argent de 75 francs.

122. MARIUS, griffon français, à M. le baron Roger de Brimont. 3e prix, médaille d'argent de 50 francs.

123. Lamiche, griffon français, à M. Milleret d'Omirecourt. 4e prix, médaille d'argent.

124. Sultan, griffon français, à M. Bordeaux. 5e prix, médaille de bronze.

125. Carlo, griffon français, à M. Bégard. 6e prix, mention honorable.

LÉVRIERS A LONG POIL

126. Fauvette, levrette espagnole, à M. le comte de Mirepois. Médaille d'honneur de 250 francs.

127. Aral, lévrier anglais-russe, à M. le comte de Damas. 2e prix, médaille d'or de 150 francs.

128. Diane, greyhound, à M. Bardon. 3e prix, médaille d'argent.

129. Houri, levrette sloughi, à M. Nigra. 4e prix, médaille de bronze.

LÉVRIERS A POIL RAS

130. Lavocat-Pacha, lévrier kurde, à M. Brunfaut. 1er prix, médaille d'or de 150 francs.

131. Tarki, lévrier russe, à M. Prins. 2e prix, médaille d'or de 100 francs.

132. Tcherkesse, lévrier circassien, à M. Dolgorouky. 3e prix, médaille d'argent.

133. Albrecht, levrette syrienne, à M. le vicomte Lepic. 4e prix, médaille de bronze.

LEVRONS

134. Blanche, levrette, à Mme la comtesse de Ch... 1er prix, médaille d'or.

135. Mirza, levrette italienne, à M. Schmidt. 2e prix, médaille d'argent.

136. Miss, chienne nue chinoise, à M. Dumas. 3e prix, médaille d'argent.

PETITS ÉPAGNEULS DE LUXE

137. Napoléon, king-charles, à M. Guppy. 1er prix, médaille d'or de 100 francs.

138. Grace, chienne blenheim, à M. Mac-Donald. 2e prix, médaille d'argent.

139. Jenny, chienne blenheim, à M. Mac-Donald. 3e prix, médaille d'argent.

PETITS CANICHES DE LUXE

140. Fido, bichon maltais, à M. Mandeville. 1er prix, médaille d'or de 100 francs.

141. 142. } chiens bichons havanais, à Mme Planquet. 2e prix, médaille d'argent.

143. Coquette, chienne bichon de la Havane, à M. Ruelle. 3e prix, médaille d'argent.

CHIENS DIVERS DE LUXE

144. Prince, chien carlin, à M. Gilbert. 1er prix, médaille d'argent.

145. Carreau, chien carlin, à M. Tamberlick. 2e prix, médaille d'argent.

Société du Jardin zoologique d'acclimatation du Bois de Boulogne.

DEUXIÈME EXPOSITION UNIVERSELLE

DES

RACES CANINES

aux Champs-Élysées, avenue du Cours-la-Reine

OUVERTE DU 7 AU 14 MAI 1865

JURY DES RÉCOMPENSES

Président: M. DE QUATREFAGES DE BRÉAU.

MM. le comte de Barral, Armand Baudry-d'Asson, Charles de Belleyme, le comte de La Besge, le comte de La Blottais, le docteur Cabarus, Caillé, J. de Carayon-Latour, le vicomte Justinien Clary, Léonce de Corny, Aristide Couteaux, Damoiseau, Vº de La Débutrie, Auguste Delchet, Desvignes, Duwarnet, le comte d'Éprémesnil, Frémiet, A. Geoffroy, Paul Gérusez, Aristide Gindre, Godde, Godin, A. de Grandmont, Frédéric Jacquemart, Alfred Jacquemart, Charles Jacque, Jadin, Camille Leblanc, médecin-vétérinaire; U. Leblanc, médecin-vétérinaire; le comte Le Couteulx de Canteleu, le comte de Lorges, Mélin, Millet, le comte de Montault, le marquis de Montmort, S. A. le prince Joachim Murat, le baron de Noirmont, le vicomte Henri d'Onsembray, le vicomte d'Orglandes, H. Pierre Pichot, Pomme, de Reiset, le duc de La Rochefoucauld-Doudeauville, de La Rue, Ruffier, le docteur Rufz de Lavison, de Saint-Albin Lagayère, le comte de Sinéty, Talmadge, H. Tournier, le vicomte de Valmer, Vatel, médecin-vétérinaire; le duc de Vicence, Villequez, le prince de Wagram, Weber, médecin-vétérinaire.

CHIENS PRIMÉS EN 1865

MEUTES

Grande médaille d'honneur pour le plus beau lot de chiens en meutes.

Meutes nos 2 et 3, à M. Armand Baudry-d'Asson.

Grand prix offert par la Vénerie impériale pour chiens nés et élevés en France.

Meute n° 17, à M. Aimé Laurence.

1er prix, meute n° 12, à MM. de La Besge.
2e prix, meute n° 10, à M. de Béjarry.
3e prix, meutes nos 4 et 5, à M. Ramier.
4e prix, meute n° 18, à M. de La Broise.

CHIENS FRANÇAIS DE RACE PURE

Pas de 1er prix.

2e prix *ex æquo.* { Meute n° 7, à M. de Madec.
Meute n° 6, à M. Piston d'Eaubonne.

CHIENS ANGLAIS DE GRANDE TAILLE

1er prix, meute n° 19, à M. le comte d'Osmond.
2e prix, meutes nos 22 et 23, à M. Paul Caillard.

CHIENS ANGLAIS DE PETITE TAILLE

Une grande médaille de vermeil. — Meute n° 24, à M. le comte d'Osmond.

CHIENS DE BERGER FRANÇAIS

146. Fanfan, chien de berger français à M. Teyssier des Farges, grande médaille d'honneur, 500 francs.

147. Marquise, chien de berger français à M. Paul Caillard, 1er prix.

148. X..., chien de berger français à M. Brizard, 2e prix.

149. Ravotte, chien de berger français à M. Teyssier des Farges, 3e prix.

150. Faraud, chien de berger français à M. Gaze, 4e prix.

151. Lajoie, chien de berger français à M. Coutard, 5e prix.

CHIENS DE BERGÈR ÉTRANGERS

Hero, chien de berger d'Écosse à M. H. William A. Vanneck, rappel de 2e prix (S. B. C., n° 7).

152. X..., chien de berger écossais à M. Doubeveyer, 2e prix.

153. Castor, chien de berger écossais à M. Armand Gontier, 3e prix.

154. X..., chien de berger écossais à M. Compiègne, 4e prix.

CHIENS DE GARDE ET DE MONTAGNE

155. Rigolo, à M. le comte de Courcy, 1er prix.

156. Mahoura, à Mme Louis Halfen, 2e prix.

3e prix inconnu.

158. Pataud, à M. Richard, 4e prix.

CHIENS DES RÉGIONS BORÉALES

159. Loulou, à M. François Gorlier, 2e prix.

160. X..., à M. Bryon d'Orgeval, 3e prix.

161. Tom, à M. Pinard, 4e prix.

CHIENS DE TERRE-NEUVE ET DU LABRADOR

162. X..., à M. Fourneaux, 1er prix.
163. DIANE, à M. Pascal Gréau, 2e prix.
164. TOM, à M. Iffernet, 3e prix.
165. SULTAN, à M. Martini, 4e prix.

CHIENS DOGUES *(Mastiff)*.

166. BUTOR, à M. Froumenty, 1er prix.
167. MAROC, à M. E. Delessert, 2e prix.
168. QUAKER, à M. Nicholls, 3e prix.
169. RUMHUM, à sir Robert Clifton, 4e prix.

BULL-DOGS

Au-dessus du poids de 6 kilos.

170. BOULE, à M. Jules Mathieu, 1er prix.
171. X..., à M. Jacob Lamphier, 2e prix.
172. FRANCONI, à M. Charlot, 3e prix.
173. YORK, à M. Bouts, 4e prix.

NICOLAS, à M. Duhamel, rappel de 9e prix (S. B. C., no 31).

Au-dessous de 6 kilos.

174. TURQUETTE, à M. Beguin, 1er prix.
175. JUPITER, à M. Victor Lanos, 2e prix.
176. LÉDA, à M. J. Thise, 3e priy.
177. FLUTE, à M. H. Chéron, 4e prix.

BULL-TERRIERS

Au-dessus de 6 kilos.

178. GIPSY, à M. Fournier, 1er prix.

BETZY, EX-ROSE, à M. Robert d'Houdemarre, rappel de 1er prix (S. B. C., no 34), exposé en 1863 par M. le vicomte d'Onsembray.

179. JUPON, à M. le comte Le Couteulx, 2e prix.
180. TURCO, à M. Charles Petit, 3e prix.
181. FINETTE, à Mme Oury, 4e prix.

Au-dessous de 5 kilos.

182. LORETTE, à M. Lucien Mariller, 2e prix.
183. JAVOTTE, à M. Charles Petit, 3e prix.
184. X..., à M. Lemort, 4e prix.

TERRIERS A POIL RAS

au-dessus du poids de 4 kilos.

185. CRIB, à M. Barthélemy, 1er prix.
186. DANDY, à M. Georges Hitter, 2e prix.
187. TOM, à M. Quentin, 3e prix.
MISS, à M. Descombes, rappel de 3e prix (S. B. C., no 44).
188. FANNY, à M. Thierry d'Alsace, 4e prix.

Au-dessous du poids de 4 kilos.

189. DANDY, à M. Georges Hitter, 1er prix.
190. TINY, à M. Paul Caillard, 2e prix.
199. CHANCE, à Sir Robert Clifton, 3e prix.
200. FRITZ, à M. Aristide Couteaux, 4e prix.

CHIENS TERRIERS A LONG POIL

Au-dessus du poids de 3 kilos.

201. RALPH, à M. Richard, 1er prix.
202. SCHNAUTZ, à M. Remy Meriau, 2e prix.
203. X..., à M. le baron de Trevez, 3e prix.
204. CHARLEY, à sir Robert Clifton, 4e prix.

Au-dessous du poids de 3 kilos.

205. MAUVIETTE, à Mme la comtesse de Fayet.
206. X..., à sir Robert Clifton.
207. CHIQUETTE, à M. Baker.
208. X..., à M. Ferdinand Gauthier.

GRAND DANOIS

209. Diabolina, à M. le duc de Rianzarès.

Lisbonne, à M. Charles Bocquet, rappel de 1er prix (S. B. C., nº 60), exposé en 1863 par M. Coupeux.

210. César, à M. John Arthur.
211. Sultane, à M. Barbotte.
212. Pierrot, à M. Guillaume Paillard.
213. Tigris, à Mme la comtesse J. Batthyany Apraxin.

DANOIS (*Dalmatian*).

214. Candide, à M. Charles Félix.
215. Ponto, à M. Zambaco.
216. X..., à M. Baker.

CHIENS COURANTS EXPOSÉS SEULS

217. X..., à M. Laurence, médaille d'honneur pour le plus beau chien courant blood hounds.
218. Countess, à M. Claverie, 1er prix.
219. Ranglan, à M. Piston d'Eaubonne, 2e prix.
220. Welcome, à M. le baron Pussin Amory, 3e prix.
221. Druid, à M. John A. Cowen, 4e prix.

CHIENS GASCONS ET SAINTONGEOIS

222. Raglan, à M. Piston d'Eaubonne, 1er prix.

Pas de 2e et 3e prix.

223. Louvaude, à M. de Pully, 4e prix.

CHIENS NORMANDS ET VENDÉENS POIL RAS

224. Merveilleau, à M. Armand Baudry-d'Asson, 1er prix.
225. Baude, à M. Léon Claverie, 2e prix.

226. Bravo, à M. Bezancon, 3e prix.
227. X..., à M. Flour, 4e prix.

CHIENS VENDÉENS ET BRETONS A LONG POIL

228. Margano, à M. le comte Le Coulteux, 1er prix.
229. Vigilante, à M. de La Chapelle, 2e prix.
230. Renfort, à M. le comte Le Coulteux, 3e prix.
231. Royale, à M. de Champigny, 4e prix.
232. Flamberge, à M. Corbin, 5e prix.

BRIQUETS

233. Figaro, à M. le vicomte James de Perrochel, 1er prix.
234. Folette, à M. le comte Le Coulteux, Rappel de 1er prix.
235. Ravaude, à M. le vicomte de Perrochel, 2e prix.
236. Tempête, à M. L. G. A. Levillain, 3e prix.
237. Cavillot, à M. Dumas, 4e prix.

CHIENS ANGLAIS FOX-HOUNDS

238. X..., à M. le comte d'Osmond, 1er prix.
239. Banker, à M. Auguis, 2e prix.
240. Chambertin, à M. de Lentilhac, 3e prix.
241. Bélisaire, à M. le vicomte d'Onsembray, 4e prix.

HARRIERS ET BEAGLES

242. X..., à M. Pierre Pichot, 1er prix.
243. Quéquette, à M. Gaudin, 2e prix.
244. X..., à M. le comte d'Osmond, 3e prix.
245. X..., à M. Charles Deshays, 4e prix.

CHIENS COURANTS BATARDS, *grande race.*

246. Juliette, à M. Auguis, 1er prix.
247. X..., à M. de La Besge, 2e prix.

248. X..., à M. de Pully, 3e prix.
249. X..., à M. de La Broise, 4e prix.
250. CAMARADE II, à M. Aristide Couteaux, 5e prix.
251. X..., à M. Ramier, 6e prix.
252. TERMINEAU, à M. de Béjarry, 7e prix.

BATARDS, *petite race.*

253. X..., à M. Ramier, 1er prix.
254. RIGOLETTE, à M. Blandin, 2e prix.

BASSETS, *grande espèce.*

255. REVEILLO, à M. le comte d'Incourt de Metz, 1er prix.
256. FANFARE, à M. de La Martinière, 2e prix.
257. RAVAUDE, à M. Daudin, 3e prix.
258. BADINO, à M. le comte d'Incourt de Metz, 4e prix.
259. RAMONEAU, à M. Buttin, 5e prix.

PETITS BASSETS

260. WALDMANN, à M. Kleinfelder, 1er prix.
261. X..., à M. le baron Latapie de Ligonie, 2e prix.
262. RAVIGOTTE, à M. Ernest Déjardin, 3e prix.

4e prix inconnu.

263. FINOT, à M. Gounot, 5e prix.

BRAQUES A TACHES MARRON OU FONCÉES

Grande taille.

264. BELLOTTE, à Mme Azimont, 1er prix.
265. ZAMOR, à M. le vicomte de Paron, 2e prix *ex æquo.*
266. CLYDE, à M. Napoléon Dora, 3e prix *ex æquo.*
267. SOLIMAN, à M. Boutarel, 3e prix *ex æquo.*
268. X..., à M. E. Bourgeois, 4e prix.

ROQUELAURE, à M. Delacambre, rappel de 4e prix (Voir S. B. C., no 99, exposé en 1863 par M. Malherbe).

BRAQUES A TACHES MARRON OU FONCÉES

Petite taille.

269. PERDRIX, à M. Broquette, 1er prix.
270. BESS, à M. Napoléon Dora, 2e prix.
271. DIANE, à M. L. Picard, 3e prix.
272. BLACK, à M. Berthault, 4e prix.
273. X..., à M. Soye, 5e prix.

BRAQUES ZAINS

274. NELL, à M. William Osmar, 1er prix.
275. FLORA, à M. de Villiers, 2e prix.

DOLL, à M. Paul Caillard, rappel de 2e prix (S. B. C., n° 96).

276. VANA, à M. Avisse, 3e prix (le chien porté au *Catalogue*, n° 741, au nom de M. Simon).
277. BLACK, à M. Lebas Poulin, 4e prix.
278. NIEL, à M. Veissière, 5e prix.

BRAQUES DITS DE SAINT-GERMAIN

279. X..., à M. Poirier.
280. PASS, à M. le vicomte d'Orglandes.
281. TOM, à M. V. Solenge.
282. TOM, à M. Conseil Sénateur (chien porté au *Catalogue*, n° 690, à M. Pozez).
283. PISTON, à M. le vicomte James de Perrochel.
284. CASTOR, à M. Gavory.
285. POLLUX, à M. Gavory.
286. BOB-ROY, à Mme de La Chapelle.
287. X..., à M. Pozez (chien porté au *Catalogue*, n° 707, sans nom, à M. Gavory).
288. MEXICO, à M. Peigné.
289. X..., à M. Marcotte de Quivières.
290. DIANE, à M. Vincent.

BRAQUES DE PAYS, *race Dupuy.*

291. Nadir, à M. Charles de Lafond, 1er prix.
292. Miss, à M. Hennessy, 2e prix.
293. Diane, à M. Auguis, 3e prix.
294. Caïus, à M. Couteaux, 4e prix.

BRAQUES DE PAYS, *Divers.*

295. X..., à M. le vicomte Berthier, 1er prix.
296. X..., à M. Legard, 2e prix.

Pas de 3e et 4e prix.

297. Pyrame, à M. le comte de Grammont, 5e prix *ex æquo.*
298. Finette, à M. Jitenay, 5e prix *ex æquo* (M. Michel Ginetry).

BRAQUES ÉTRANGERS

Pas de 1er ni 2e prix.

299. Floque, à M. Ad. de Rougé, 3e prix.
300. Isabelle, à M. Kleinfelder, 4e prix.

ÉPAGNEULS FRANÇAIS

301. Major, à M. Richard Garth, 1er prix.
302. Ramasse, à M. Lepaute, 2e prix.
303. Mylord, à M. P.-E. Jeanne, 3e prix.
304. Cailleteau, à M. Élie Richard, 4e prix.

SETTERS ANGLAIS

305. Byron, à M. Georges Green, grande médaille d'honneur.
306. Sylvio, à Mme de Coulebœuf, 1er prix.

Pas de 2e prix.

307. Bell, à M. Georges Green, 3e prix.
308. Dick, à M. Lafleur, 4e prix.
309. Flora, à M. W. J. Bayly.

SETTERS GORDON

310. Kent, à M. Pearce, 1er prix.
311. Grouse, à M. Paul Caillard, 2e prix.
312. Kanner, à M. Thomas Harris, 3e prix.
313. Marquis, à M. Paul Caillard, 4e prix.

SETTERS IRLANDAIS

Pas de 1er prix.

314. Fop, à M. William Osmar, 2e prix.

Pas de 3e prix.

315. Ring, à M. William Osmar, 4e prix.

ÉPAGNEULS ANGLAIS, *petite race.*

316. Royal, à M. le vicomte d'Orglandes, 1er prix.
317. Don, à sir Robert Clifton, 2e prix.
318. Prince, à M. le vicomte d'Orglandes, 3e prix.
319. Busy, à M. E. Nicholls, 4e prix.

ÉPAGNEULS D'EAU

320. Rover, à M. Fox Wright, 1er prix.
321. Drake, à M. J. Gorse, 2e prix.
322. Fan, à M. Thomas Burrous Parkinson, 3e prix.

RETRIEVERS

323. Mab, à M. J. D. Gorse, 1er prix.
324. Jet, à M. J. D. Gorse, 2e prix.
325. Rap, à M. Riley, 3e prix.
326. Vénus, à M. Riley, 3e prix.
327. Yet, à M. Riley, 5e prix.

GRIFFONS D'ARRÊT ET BARBETS

328. Marius, à M. Roger de Brimont, 1er prix.
329. Toto, à M. Lecerf, 2e prix.

Broussaille, à M. Alfred Masson, rappel de 2e prix (S. B. C., n° 121).

330. Castor, à M. le duc de Montebello, 3e prix.
331. Ours, à M. Hamerel, 4e prix.
332. X..., à M. Folmer, 5e prix *ex æquo*.
333. X..., à M. Paté, 5e prix *ex æquo*.

CANICHES

334. Diane, à M. Borzicki.
335. Knurr, à M. le prince d'Arenberg.
336. Géhel, à M. le comte de La Ferronnays.
337. Sultan, à M. Jérôme.
338. Loto, à M. Renard.
339. Marteau, à M. Pierrot.
340. Cartouche, à M. Crockford.

LÉVRIERS A POIL RAS

341. X..., à M. Flersheim } prix d'honneur.
342. X..., à M. Flersheim } prix d'honneur.
343. Tibère, à M. le comte Lepic.
344. Heer, à M. Paul de Lagarde.

LÉVRIERS A LONG POIL

345. Lavocat-Pacha, à Mme Brunfaut.
346. Diane, à Mme Brunfaut.

347. Tigre, à Mme Joseph Camus.
348. Geler, à M. John Wright.

CHIENS DE LUXE

349. Pepita, à M. Herdt, prix d'honneur.

PETITS LÉVRIERS

350. Miss, à M. Émile Radigon.
351. Perle, à Mme Fontenay.
352. Bichette, à M. Sanford.
353. Athos, à M. Sanford.

PETITS ÉPAGNEULS

354. Prince, à M. J. W. Guppy.
355. X..., à M. William Bartlett.
356. Noli, à Mme la comtesse Klerkowska.
357. Napoléon, à sir Robert Clifton.

PETITS CANICHES

358. Rita, à M. Rolland, 1er prix.
359. Léda, à M. J. L. Zoni, 2e prix.
360. X..., à Mme Dubuc, 3e prix.
561. Mignonne, à M. Jacquet, 4e prix.

PETITS TERRIERS

362. Tiny, à Mme la comtesse de Fayet, 1er prix.
363. Tiny, à M. Richard, 2e prix.
364. Ninon, à M. le baron Abel Rogniat, 3e prix.

365. JENNY, à sir Robert Clifton, 4e prix.
366. BILLY, à sir Robert Clifton, 5e prix.

CARLINS

Pas de 1er et 2e prix.

367. CHARLEY, à M. Charles Wilkinson, 3e prix.
368. PRINCE, à M. Charles Bamford, 4e prix.

Exposition universelle de 1867 a Paris

EXPOSITION DES RACES CANINES

A BILLANCOURT

Du 1er au 12 Août 1867

PAR LA

COMMISSION CONSULTATIVE DES EXPOSITIONS D'AGRICULTURE

MM. Jadin, président, et Pierre Pichot, membres du Jury international, avaient comme jurés associés MM. Rollet, de la Vénerie impériale, Piolaine (Angleterre), de Thal (Russie), Paul Géruzez, etc.

MEUTES

Chiens anglo-poitevins, race de Persac, à M. de La Besge, château de Persac, par Lussac (Vienne), 1er prix.

Chiens anglo-poitevins, à M. Audiguier, à Varennes, par Châtellerault (Vienne), 2e prix.

Chiens anglo-vendéens, à M. Guich, à Napoléon-Vendée (Vendée), 3e prix.

Chiens artésiens, à M. Delarue-Buisson, à Abbeville (Somme), mention.

CHIENS DE MONTAGNE

369. Chien du mont Saint-Bernard, à M. Schumacker, à Holligen, canton de Berne (Suisse), 1er prix.

370. Chien des Alpes, à M. de Courcy, 154, route de Versailles, à Auteuil, 2e prix.

371. Chien de montagne, à M. Maury, 3e prix.

372. Chien des Pyrénées, à M. Tronchet, mention.

TERRE-NEUVES

Pas de 1er et 2e prix.

373. Terre-neuve blanc et noir, à M. Constant, à Villemorte, près Montlucon (Allier), 3e prix.

374. Terre-neuve blanc et noir, à M. Desgrands, mention.

DOGUES ET DANOIS

375. Dogue espagnol, à M. Capot, 5, rue de Grenelle, à Issy (Seine), 1er prix.

376. Grand danois, à M. Gouvenot, 36, rue Clerc, à Paris.

377. — — } à M. Drezet, 3e prix.
378. — — }

379. — — } à M. Lamarche, rue du Vieux-Marché-aux-
380. — — } Poissons (Strasbourg), mention.

CHIENS D'ORDRE RACES PURES

381. Bloodhound (Saint-Hubert), à M. Claverie, à Saint-Sicaire, par Laroche-Chalais (Dordogne), 1er prix.

382. Chien de Gascogne, à M. Bocquet, 2e prix.

383. Foxhound, à M. de La Besge, au château de Persac, par Lussac (Vienne), 3e prix.

GRANDS BRIQUETS

Pas de 1er prix

384. Chien artois normand, à M. Flour, 2e prix.

385. Chien artois, à M. de Quandalle, rue de l'Union, à Hesdin (Pas-de-Calais), 3e prix.

PETITS BRIQUETS

386. Vendéen } à M. Dumas, 102, rue Sainte-Élisabeth, à Roanne
387. — } (Loire), 1er prix.

388. Briquet } à M. Perrochel, 2e prix.
389. — }

390. Briquet du Languedoc, } à M. Sarrazin, 21, rue du Pont-aux-
391. — — } Choux, à Paris, 3e prix.

392. Chienne tricolore, à M. Blandin, 52, rue des Chantiers, à Versailles, mention.

BATARDS

393. Bâtard anglo-poitevin saintongeois } à M. Babinet, château de
394. — — — } Murault près Lusignan
395. — — — } (Vienne), 1er prix.

396. Bâtard vendéen } à M. Guiet, 2e prix.
397. — — }

398. Bâtard } à M. de Montbron, à Chaufaille, près Coussac-
399. — } Bonneval (Haute-Vienne), 3e prix.

400. Bâtard, à M. Babinet, château de Mureault, près Lusignan (Vienne), mention.

BASSETS GRIFFONS

401. Basset vendéen } à M. d'Incourt de Metz, 9, rue de Berlin,
402. — — } à Paris, 1er prix.

403. Basset vendéen, à M. Bocquet, 118, avenue d'Ivry, à Paris, 2e prix.

BASSETS A POIL RAS

404. Basset allemand } à M. Kleinfelder, 130, rue Lafayette, à
405. — — } Paris, 1er prix.

406. — — } (Dachshund) à M. Fournier, à Meaux
407. — — } (Seine-et-Marne), 2e prix.

408. Basset français, à M. Bocquet, 118, avenue d'Ivry, à Paris, 3e prix.

409. Basset français, à M. Descamps, à Ris-Orangis (Seine-et-Oise), mention.

GRANDS BRAQUES

1.

410. Pointer blanc et marron } à M. N. Dora, 25, rue de l'Arcade,
411. Pointer blanc et marron } à Paris, 1er prix.

412. Pointer anglais à M. Green, à Saint-Pierre-lès-Calais (Pas-de-Calais), 2e prix.

413. Braque allemand } à M. Kleinfelder, 130, rue Lafayette,
414. Braque allemand } Paris, 3e prix.

415. Chienne blanc et orange à M. de Quandalle, 12, rue de l'Union, à Hesdin, mention.

GRANDS BRAQUES

2.

416. Braque, race du prince de Condé, à M. Malo, 1er prix.

417. Braque espagnol à deux nez, à M. Schneider, à Belfort (Haut-Rhin), 2e prix.

418. Braque blanc et marron à M. Godde, 26, Chaussée-d'Antin, 3e prix.

419. Braque, chienne maron à M. Vix.

PETITS BRAQUES

420. Braque bleu } à M. de Perrochel, 1er prix.
421. Braque bleu }

422. Braque à courte queue } à M. Broquette, à Seine-Port, près
423. Braque à courte queue } Melun (Seine-et-Marne), 2e prix.

424. Braque marron à courte queue à M. Guelloye, 3e prix.

GRANDS ÉPAGNEULS D'ARRÊT

425. Épagneul de Pont-Audemer à M. Sanfourche, 81, rue de Clichy, Paris, 1er prix.
426. Épagneul blanc et orange à M. de Turenne, 2e prix.
427. Setter blanc et marron à M. Green, à Saint-Pierre-lès-Calais, 3e prix.
428. Épagneul noir et feu (gordon) à M. Manchon, 4, rue du Moulin, à Caen (Calvados), mention.

PETITS ÉPAGNEULS *(Field)*.

429. Old english spaniel } à M. Howard, à Bedfort (Angleterre),
430. Old english spaniel } 1er prix.
431. Épagneul de Sussex à M. Green, à Saint-Pierre-lès-Calais (Pas-de-Calais).

GRIFFONS D'ARRÊT

432. Griffon poil dur à M. Schneider, à Belfort (Haut-Rhin), 1er prix.
433. Griffon barbet à M. de Revery, rue des Capucines, à Arras (Pas-de-Calais), 1er prix.
434. Griffon deux nez, poil dur, à M. Riquier Lannois, 309, rue rue Saint-Denis, à Paris.
435. Griffon d'arret russe à M. Gantois, mention.

RETRIEVERS

436. Retriever marron à M. Howard, à Bedford (Angleterre), 1er prix.
437. Retriever marron à M. Howard, 2e prix.

CHIENS DE BERGER

438. Chien de Brie à M. Leclerc, à Crisenoy (Seine-et-Marne), 1er prix.
439. Chien de Beauce à M. Fense, 6, rue du Puits, à la Chapelle, 2e prix.
440. Chien de Russie à M. Bocquet, 3e prix.

CANICHES

441. Caniche noir à Mme Carnegie, 1er prix.
442. Caniche blanc à M. Traiffort, 16, rue Keller, à Paris, 2e prix.
443. Caniche noir et blanc à M. Jérôme, 3e prix.

LÉVRIERS

434. Slavnoy } lévriers russes à long poil à S. M. l'empereur de
445. Lavida } Russie, 1er prix hors ligne.
446. Chienne noire à M. Hovard, à Bedford (Angleterre), 1er prix.
447. Chienne bringé à M. Howard, 2e prix.

BULL-DOGS

448. Bull-dog blanc à M. Coin, 2e prix.

BULL-TERRIERS

Pas de 1er prix.

449. Bull-terrier à M. Ravry, 10, rue de l'Étoile, à Paris, 2e prix.
450. Bull-terrier blanc et marron à M. Ravry, 3e prix.
451. Bull-terrier brun à M. Paquet, 42, rue de Grenelle-Saint-Honoré, à Paris, mention.
452. Bull-terrier brun à M. Ponthieu, mention.

LEVRETTES ITALIENNES

453. Levrette jaune à M. Ravy } 1er prix.
454. Levrette jaune à M. Ravy }
455. Levrette chinoise à Mme Béliard, 2e prix.
456. Levrette chinoise à M. Martin Duverger, mention.

HAVANAIS

457. Havanais blanc à Mme Rauch, 5, rue des Petits-Carreaux, Paris, 1er prix.
458. Havanais blanc à Mme Lachaud, 4, rue des Bassins, Passy, 2e prix.
459. Papillon havane à Mme della Sudda, 82, rue Lafayette, 3e prix.
460. Havanais et chiots à Mme Pachieux, mention.

KING-CHARLES

461. King-Charles à M. Warmington, 25, rue Marbeuf, Paris, 2e prix.

PETITS RATTIERS

462. Terrier nain à M. Warmington, 25, rue Marbeuf, Paris, 1er prix.

TERRIERS GRIFFONS

463. Petit terrier écossais noir à M. Ravry, 1er prix.
464. Petite écossaise à M. Kaufmann, 1er prix.
465. Skye à M. Talamou, 3e prix.
466. Griffonne avec chiots à M. Green.

Société du Jardin zoologique d'acclimatation du Bois de Boulogne.

EXPOSITION DES RACES CANINES

DE 1873

LISTE DES MEMBRES DU JURY DES RÉCOMPENSES

DÉSIGNÉS PAR LE CONSEIL D'ADMINISTRANION
DANS SA SÉANCE DU 8 AVRIL 1873

Président du Jury : M. A. DE QUATREFAGES DE BRÉAU, de l'Institut

1er Jury.

(CLASSES I, II, III, IV, V, VI, VII, VIII, IX, X)

Chiens de Bergers, de Montagne, etc.

MM. Edouard André, ancien député.

le comte d'Éprémesnil, secrétaire général de la Société du Jardin d'acclimatation.

Edgard Geoffroy.

Fréd. Jacquemart, vice-président de la Société du Jardin d'acclimatation.

M. Le Couteulx, secrétaire général de la Société des Agriculteurs de France.

Portier, sous-directeur de l'Agriculture au Ministère de l'Agriculture et du Commerce.

2e *Jury.*

(CLASSES XI, XII, XIII, XIV, XV, XVI, XVII, XVIII, XIX, XX)

Bull-Dogs et Terriers.

MM. Émile Chevalier, directeur de la *Chasse illustrée.*
Féry d'Esclands, conseiller référendaire à la Cour des Comptes.
A. Geoffroy Saint-Hilaire, directeur du Jardin d'acclimatation.
le comte Le Couteulx de Canteleu.
Saint-Albin de Lagayère, directeur du journal *le Sport.*
Ernest de Villiers.
Weber, médecin-vétérinaire.

3e *Jury.*

(MEUTES, CLASSES XXI, XXII, XXIII, XXIV, XXV, XXVI, XXVII)

Meutes, Chiens courants, grandes races.

MM. Joseph de Carayon-Latour, membre de l'Assemblée nationale.
le comte Henri de Greffulhe.
le comte de La Besge.
le duc de La Rochefoucauld-Doudeauville, membre du conseil d'administration du Jardin d'acclimatation.
le comte de Trebbons.
le prince de Wagram, membre du conseil d'administration du Jardin d'ccalimatation.

4e *Jury.*

(MEUTES, CLASSES XXVIII, XXIX, XXX, XXXI, XXXII, XXXIII XXXIV, XXXV, XXXVI)

Meutes, Chiens courants, Bâtards, Griffons et Bassets.

MM. Le vicomte O. Aguado, de La Débuterie, le général de Laveaucoupet, le comte Henri d'Onsembray, le comte de Salverte, Georges Villot, Vatel, médecin-vétérinaire.

5e Jury.

(CLASSES XXXVII, XXXVIII, XXXIX, XL, XLI, XLII, XLIII, XLIV, XLV, XLVI, XLVII)

Chiens d'arrêt, Braques.

MM. le vicomte J. Clary, membre du conseil d'administration du Jardin d'acclimatation.

Dubourg.

Le marquis du Lau.

Martin (du Nord).

Le comte d'Orglandes.

Le marquis de Sinéty, membre du conseil d'administration du Jardin d'acclimatation.

Le prince Alexandre de Wagram.

6e Jury.

(CLASSES XLVIII, XLIX, L, LI, LII, LIII, LIV, LVI, LVII)

Chiens d'arrêt, Épagneuls.

MM. le prince Georges Ribesco, le vicomte de Châteaubriand, Delarue, inspecteur des forêts ; Godde, directeur du journal *le Jockey ;* Camille Leblanc, médecin-vétérinaire ; le comte Le Marois, de Montaut, Ruffier, membre du conseil d'administration du Jardin d'acclimatation.

7e Jury.

(CLASSES LVIII, LVIX, LX, LXI)

Lévriers.

MM. Fremiet, Paul Gérusez, G. Jadin, Ney, duc d'Elchingen, colonel du 6e chasseurs ; le baron de Noirmont, A. Pierre Pichot.

8e *Jury.*

(CLASSES LXII, LXIII, LXIV, LXV, LXVI, LXVII)

Chiens de luxe.

MM. A. Gindre Malherbe.
Mackensie-Grieves.
Saint-Yves Ménard, médecin-vétérinaire, sous-directeur du Jardin d'acclimatation.
Edgard Roger, membre du conseil d'administration du Jardin d'acclimatation.
Le baron Abel Rogniat.
Arthur Touchard.
Alfred Werlé.

LISTE DES MEMBRES DU JURY D'ADMISSION

désignés par le conseil d'administration dans sa séance du mardi 8 avril 1873.

Président : M. le comte LE COUTEULX DE CANTELEU.

Vice-Président : M. G. JADIN.

MM. A. Geoffroy Saint-Hilaire, Edgar Geoffroy, Paul Gérusez, Camille Leblanc, médecin-vétérinaire ; Saint-Yves Ménard, médecin-vétérinaire ; le baron de Noirmont, le comte d'Orglandes, A. Pierre Pichot, Vatel, médecin-vétérinaire ; Ernest de Villiers, Wéber, médecin-vétérinaire.

LISTE DES PRIX DÉCERNÉS

Les prix sont offerts par la Société du Jardin d'acclimatation, à l'exception de ceux qui portent une désignation spéciale.

MEUTES

Chiens de Saint-Hubert à M. le comte Le Couteulx de Canteleu, première grande médaille d'honneur pour la plus belle meute de chiens courants français (1,000 francs) offerte par le cercle des Éclaireurs.

Bâtards anglo-poitevins-saintongeois à M. de Vatimesnil, deuxième grande médaille d'honneur pour la plus belle meute de chiens courants (500 francs) offerte par M. le comte de Greffulhe.

CHIENS FRANÇAIS

Chiens franc-comtois à M. le docteur Coillot, médaille d'or de 200 francs, 1er prix (1).

Bassets français à M. le marquis de Langle, médaille d'or de 150 francs, 2e prix.

Bassets français à M. Poulet, médaille de 100 francs, 3e prix.

---

(1) Cette race de chiens courants vient primitivement de l'abbaye de Luxeuil.

Une paire en a été donnée avant 1789 à mon grand-père qui, déjà docteur en médecine, avait eu le bonheur de guérir d'une maladie grave M. de Clermont-Tonnerre, alors supérieur de cette abbaye.

Les chiens sont élevés en liberté chez les cultivateurs du pays ou chez le propriétaire lui-même, jusqu'à l'âge d'un an environ. A cet âge et même souvent plus tôt, ils commencent à se déclarer. Ils sont alors adjoints au gros de l'équipage et chassent en meute une fois sur deux, par les beaux jours, pour ne pas les ruiner. Ils sont nourris uniquement de soupes au pain de blé, de gaudes (farine de maïs), quelquefois de pommes de terre, le tout arrosé d'un bouillon de graisse de bœuf ou de mouton légèrement salé. Jamais on ne leur donne de viandes crues ou

CHIENS BATARDS

Bâtards saintongeois à M. le marquis de Lentilhac, 1er prix, médaille d'or de 250 francs.

Bâtards poitevins à M. le comte de Pully, 2e prix, médaille d'or de 200 francs.

Bâtards saintongeois à M. Ch. de Maichin, 3e prix, médaille d'or de 150 francs.

Bâtards poitevins à M. Raoul Treuille, 4e prix, médaille d'or de 150 francs.

CHIENS ANGLAIS

Fox-hounds à M. le vicomte Henri de Greffulhe, 1er prix, médaille d'or de 200 francs.

---

cuites, mais on leur fait pendant la saison de fréquentes curées. Ils sont rarement atteints de la maladie des jeunes chiens d'une façon sérieuse, et n'ont généralement aucune affection de la peau même dans un âge avancé.

Le caractère de ces chiens est excellent; ils sont dociles, se créancent vite et bien. Ardents, sans être ambitieux ni emportés, ils quêtent avec beaucoup d'ensemble. Ils rapprochent admirablement pendant des distances parfois considérables (2 à 3 kilomètres), à toute heure du jour, à l'arrière-saison, ce qui prouve la finesse de leur nez. Tout animal rapproché est toujours attaqué, mené d'un train assez rapide pour que les chasseurs à pied aient peine à suivre, malgré la gorge admirable de ces chiens qui sont tous franc-hurleurs.

On pourrait en pleine chasse et en bien aller couvrir tous les chiens d'un coup d'épervier.

Dans les défauts, ils requêtent avec activité, mais avec sagesse et sur place; ont rarement besoin d'aide, car ils sont très tenaces dans leur voie et suffisamment expérimentés pour chasser sans appui. Malgré l'abondance du lièvre, les changes sont rares et plus rarement encore y a-t-il deux chasses simultanément.

Pendant la dernière campagne, l'équipage a pris une dizaine de lièvres; une soixantaine ont été tués devant lui. Ces chiens sont à peu près exclusivement dans la voie du lièvre et du chevreuil. Ce dernier est peu commun. Ils méprisent le renard, surtout quand ils ont atteint un certain âge (trois à quatre ans).

Il y en a même, spécialement parmi les chiennes, qui ne veulent absolument pas de cette bête puante. A. Coillot.

Harriers à M. le prince d'Arenberg, 1er prix, médaille d'or de 200 francs.

CHIENS DE BERGER FRANÇAIS

467. Molosse, chien de berger français, à M. Koch, médaille d'honneur de 250 francs offerte par la ville de Neuilly-sur-Seine.

468. Coquette, à M. Koch, 1er prix, offert par le ministère de l'agriculture et du commerce.

469. Martin, à M. Fabre
470. Pluton, à M. Moreau } 2e prix *ex æquo*.
471. Bas-Rouge, à M. Duval

472. Pataud, à M. Noiraut
473. Montagne, à M. Ravry fils } 3e prix *ex æquo*.

474. Maline, à M. Bourgoin, dit Colly
475. Rapide, à M. Mathieu } mention *ex æquo*.

CHIENS DE BERGER ÉTRANGERS

476. Léo, à M. Hammelrath, 1er prix.
477. Pacha, à M. Hammelrath, 2e prix.
478. Chien, à M. Diolot, mention.

CHIENS DE TERRE-NEUVE

479. Bastien, à M. Turlure, 1er prix.

480. Turc, à M. Gosse
481. Porthos, à Mme Ve Gaujac } 2e prix *ex æquo*.

482. Myrrha, à M. Hammelrath
483. Saxon, à M. Dardy } 3e prix *ex æquo*.
484. Tom, à M. Porcheron

485. Pyrame, à M. Delevoye
485 *bis*. Tom, à M. Viellet } mention *ex æquo*.

CHIENS DE MONTAGNE

486. Sultane } à M. C. W. Helder, } 1er prix *ex æquo*.
487. Countess } à M. C. W. Helder, } 1er prix *ex æquo*.
488. Pacha, à M. Bocquet, } 1er prix *ex æquo*.
489. Lion, à M. Edward Hill, 2e prix.
490. Basco, à M. Schwab } 2e prix *ex æquo*.
491. Bibi, à M. Sirot } 2e prix *ex æquo*.
492. Césarion, à M. de Nostitz } 2e prix *ex æquo*.
493. Sultan, à M. Mifflier } 2e prix *ex æquo*.
494. Dox, à M. Adam } 2e prix *ex æquo*.
495. Pastour, à M. Luzzaraga } 2e prix *ex æquo*.
496. Prinz, à M. Edmond About, mention honorable.

CHIENS DES RÉGIONS BORÉALES

497. Loulou, à M. André, 3e prix.

DOGUES ET MATINS

498. Turquet, dogue de Bordeaux, à M. Mougenot } 1er prix *ex æquo*.
499. Anlaff, mastiff à M. Ralph Owen Yearsley } 1er prix *ex æquo*.
500. Bonhomme, à M. Macquart, 2e prix.
501. Mina, à M. Fontan } 3e prix *ex æquo*.
502. Lion, à M. Alexandre } 3e prix *ex æquo*.

GRANDS DANOIS

503. Pacha, à M. J. B. Muller } 1er prix *ex æquo*, offert par la ville de Neuilly.
504. — — } 1er prix *ex æquo*, offert par la ville de Neuilly.
505. Marquise, à M. J. B. Muller } 2e prix *ex æquo*.
506. Flora, à M. Hettich } 2e prix *ex æquo*.
507. Panthère, à M. Clairin } 3e prix *ex æquo*.
508. Néro, à M. Hettich } 3e prix *ex æquo*.
509. Sultan, à M. Bocquet } mention honorable.
510. Lionne, à M. Guittard } mention honorable.
511. Linke, à M. Hammelrath } mention honorable.

PETITS DANOIS

512. Miss, à M. Cornille, mention honorable.

BULL-DOGS

513. Tuture, à M. Saurie, 1er prix.
514. Duc, à M. Dubois } 2e prix *ex æquo*.
515. Bismark, à M. Jumilly } 2e prix *ex æquo*.
516. Sans-Gêne, à M. de Grainville } 3e prix *ex æquo*.
517. Tom, à M. Cassiès } 3e prix *ex æquo*.

BULL-TERRIERS

Au-dessus du poids de 6 kilos.

518. Verda, à M. Auclair, 1er prix.
519. Toto, à M. Beaussire } 2e prix.
520. Lagardère, à M. de Molliens } 2e prix.
521. Bébé, à M. Hauttecœur, 3e prix.

BULL-TERRIERS

Au-dessous du poids de 6 kilos.

522. Nic, à Mme de Vatimesnil, 1er prix.
523. Fly, à M. Desiré Boulet, 2e prix.
524. Turenne, à M. Betchard, 3e prix.
525. Miss, à M. Ravry fils, 4e prix.
526. Coquette, à M. Ravry fils, 5e prix.

TERRIERS A POIL RAS

Au-dessous de 5 kilos.

527. Spring, à M. Courvoisier, 1er prix.
528. Mirza, à M. Henri de Carayon-Latour, 2e prix.
529. X., à M. Hudson, 3e prix.

POX-TERRIERS ANGLAIS

530. X..., à M. Bult, 3e prix.

TERRIERS A LONG POIL

Au-dessus de 5 kilos.

531. Jack, à M. Hervé, 2e prix.

TERRIERS A LONG POIL

Au-dessous de 5 kilos.

532. Ben, à M. R. Bult, 1er prix.
533. Charly, à M. Ravry fils, 2e prix.
534. Lady, à M. Boulet fils } 3e prix *ex æquo.*
535. César, à M. Jacquet }
536. Walles, à M. R. Buet, 4e prix.

SKYE-TERRIERS

537. Jack, à M. Bult, 3e prix.

CHIENS COURANTS

538. Royalist, chien de Saint-Hubert, à M. le comte Le Coulteux, 1re médaille d'honneur (500 francs), offerte par M. le comte de Greffulhe pour le plus beau chien courant français exposé.

539. Maréchal, bâtard saintongeois, à M. le marquis de Lentilhac, 2e médaille d'honneur (500 francs) pour le plus beau chien courant exposé.

CHIENS DE SAINT-HUBERT (BLOODHOUNDS)

540. Warior, à M. le comte Le Coulteux de Canteleu, 1er prix.
541. Roswel, à M. Edwards Regnolds Ray, 2e prix.

CHIENS DE VENDÉE, DE POITOU

542. Ravissante, à M. Baudry-d'Asson, 1er prix.
543. Tambour, à M. le baron Halna du Fretay, 2e prix.
544. Commodore, à M. Loyseau de Charreconduit, 3e prix.
545. Salgoss, à M. Baudry-d'Asson, 4e prix.
546. Vendée, à M. Bocquet, 5e prix.

CHIENS COURANTS ANGLAIS

547. Cajolant, à M. le vicomte de Greffulhe, 1er prix.
548. Vaillant, à M. le vicomte d'Onzembray, 2e prix.

HARRIERS

549. Ramblet, à M. le prince d'Arenberg, 1er prix.

BEAGLES

550. Gamester, à M. Bocquet.

CHIENS COURANTS BATARDS

551. Foudras, à M. de Vatimesnil, 1er prix.
552. Rabagas, à M. le comte de Pully, 2e prix.
553. Merveille, à M. de Vatimesnil, 3e prix.
554. Commodore, à M. Raoul Treuille, 4e prix.
555. Négress, à M. Raoul Treuille, 5e prix.
556. Ruy-Blas, à M. le comte de Pully, 6e prix.
557. Ménélas, à M. de Vatimesnil, 7e prix.
558. Talbot, à M. le vicomte E. de la Besge, 8e prix.

GRIFFONS FRANÇAIS

559. Barbaro, à M. le comte Le Coulteux de Canteleu, 1er prix.
560. Piston, à M. Baudry-d'Asson, 2e prix.

BASSETS

561. Coquinette } à M. F. Lucas, médaille d'or de 200 francs
562. Bambochard } pour le plus beau couple.

BASSETS A POIL RAS

de grande taille.

563. Mirauld, à M. Jollivet.
564. Tambelle, à M. Viet.
565. Barillot, à M. Bocquet.
566. Finot, à M. Couillard.

BASSETS A POIL RAS

567. Fino } à M. Caille, 1er prix.
568. Finette }
569. Norah, à Mme de Cheylus, 2e prix.
570. Ravaude } à M. Gaildraud, 4e prix.
571. Coquette }

BASSETS A LONG POIL

572. Barbouillaud, à M. Nochet, 2e prix.

BRIQUETS

573. Tyro, à M. Blandin, 1er prix.
574. Tambeau, à M. Binoux, 2e prix.
575. X..., à M. Proyard, 3e prix.
576. Néro, à M. Verdois, 4e prix.
577. Finaud, à M. Verdois, 5e prix.

BRAQUES A TACHES MARRONS OU NOIRES

de grande taille.

578. Tom, braque Dupuy, à M. le baron Demarcay, médaille d'honneur de 500 francs offerte par le Hunting Club.

579. Sam, à M. Bult, 1er prix.
580. Fly, à M. Green, 2e prix.
581. Rake, à M. Green } 3e prix *ex œquo*.
582. Tom, à M. Francastel } 3e prix *ex œquo*.
583. Rancio, à M. Broquette } 4e prix *ex œquo*.
584. Stop, à M. Malo } 4e prix *ex œquo*.

BRAQUES A TACHES MARRONS OU NOIRES
de petite taille.

Pas de 1er, 2e et 3e prix.

585. Bock, à M. Bocquet, 4e prix.
586. Léda, à M. Guionnel, 5e prix *ex œquo*.
587. Jupiter, à M. Clerault, 5e prix *ex œquo*.

BRAQUES DUPUY

Pas de 1er, 3e et 4e prix.

588. Job, à M. Regnault, 2e prix *ex œquo*.
589. Mirza, à M. Regnault, 2e prix *ex œquo*.
590. Lalla, à M. J. Boutel, 5e prix.

BRAQUES BLANCS A TACHES JAUNES
de grande taille.

591. Délicat, à M. Solenge, 1er prix.
592. Stop, à M. Dumoutier, 2e prix.
593. Diane, à M. Drouhin, 3e prix.
594. Braque, à M. Aubrée, 4e prix.
596. Milord, à M. Rousselle, 5e prix.

BRAQUES BLANCS A TACHES JAUNES
de petite taille.

597. Fan, à M. Caillaud, 1er prix.
598. Trim, à M. Guimont, 2e prix.
599. Tac, à M Chesnel, 3e prix.

600. Sultan, à M. Lucas, 4e prix.
601. Mirza, à M. Bordesalle, 5e prix.

BRAQUES TRICOLORE, *ancienne race royale.*

602. Rober, à M. Grisot
603. Bloss, à M. Charles Laffitte
} 2e prix *ex æquo.*

BRAQUES ZAINS, MARRONS, NOIRS, BLANCS *de grande taille.*

604. Lucifer, à M. le comte Le Marois, 1er prix.
605. Stop, à M. Verdoix, 1er prix.
606. Croizette, à M. Francastel, 3e prix.

Pas de 4e prix.

607. Pointer, à M. Sevoy, 5e prix.

BRAQUES ZAINS, MARRONS, NOIRS *de petite taille.*

608. Tom, à M. Magiaty.
609. Diane, à M. de Mandat de Grancey.
610. Fly, à M. Gondouin.

BRAQUES A DOUBLE NEZ

611. Moka, à M. le comte Le Marois, 1er prix.

Pas de 2e prix.

612. Tom, à M. L. Navette
613. Ida, à M. L. Navette
} 3e prix *ex æquo.*

Pas de 4e prix

614. Golo, à M. Grossmann, 5e prix.

BRAQUES SANS QUEUE DU BOURBONNAIS

Pas de 1er prix.

615. Bibronne, à M. Janot, 2e prix.

616. Tom, à M. le comte Le Coulteux de Canteleu, 3e prix.
617. Sapho, à M. Vaffard, 4e prix.

BRAQUES DIVERS

Pas de 1er et 2e prix.

618. Milord } à M. Hammelrath, 3e prix *ex æquo.*
619. Mirza }
620. Miss, à M. Deshayes.

ÉPAGNEULS DE PONT-AUDEMER

621. Diamant, à M. Lejeune, 1er prix.
622. Fox, à M. Legrand, 2e prix.

Pas de 3e prix.

623. Tommy, à M. Vigneau } 4e prix *ex æquo.*
624. Finette, à M. Hurand }

SETTERS ANGLAIS

625. Byron, à M. Duflos, 1er prix.
626. Bob, à M. Bult, 2e prix.
627. Diane, à M. Rouaix, 3e prix.
628. Jeck, à M. G. Green, 4e prix.
629. Diane, à M. Mortal, 5e prix.

SETTERS GORDON

630. Général, à M. Bult, 1er prix.

SETTERS D'IRLANDE

631. Dan, à M. le comte Léopold de Beauffort. Médaille d'honneur de 500 francs.
632. Beu, à M. Bult, 2e prix.

FIELD-SPANIELS, COCKERS, CLUMBERS

633. Dan, à M. Duflos, 1er prix.
634. Fly, à M. Bullock, 2e prix.

635. Miss, à M. de Langhe
636. Nelly, à M. Bullock } 3e prix *ex æquo*.
637. Trueboy, à M. Briggs

GRIFFONS D'ARRÊT

638. Piston, à M. Caillé, 1er prix.
639. Médor, à M. Roger Estienne } 2e prix *ex æquo*.
640. Toto, à M. Hardouin
641. Miraud, à M. Dawl, 3e prix.
642. Miraud, à M. Iffernet } 4e prix *ex æquo*.
643. Bruska, à M. Pichard
644. Guillaume, à M. Duval } 5e prix *ex æquo*.
645. Médor, à M. Iffernet
646. Cora, à M. Dilhan, mention.

BARBETS DE GRANDE TAILLE

647. Toto, à M. Chevalier, 2e prix.

CANICHES

648. Fida, à M. le marquis de Lauriston, 1er prix.
649. Diane, à M. Bocquet, 2e prix.
650. Phébus, à Mme la comtesse de La Ferronnays, 3e prix *ex æquo*.
651. Nicolas, à Mme la comtesse de La Ferronnays, 3e prix *ex æquo*.
652. Mouton, à M. Rigault, 4e prix.

RETRIEVERS NOIR ET MARRON

653. Rosa, à M. G. Spied, 4e prix.

LÉVRIERS ANGLAIS

654. Neison, à M. Maugenert, 1er prix.
655. Nell, à Mme Bayvet, 2e prix.

656. Mirza, à M. Bergerault, 3e prix.
657. Néron, à Mme Beyvet, 4e prix.

LÉVRIERS A POIL RAS

Pas de 1er prix.

658. Caignat, à M. Moulin, 2e prix.
659. Diane, à M. Saunier, 3e prix.
660. Cadix, à M. Houssaye, 4e prix.

LÉVRIERS A LONG POIL

661. Scotchman, à M. Marquis, 1er prix.

LÉVRIERS A LONG POIL

662. Cossack, lévrier russe, à M. Stephen Yaprell-Holland, médaille d'honneur de 250 francs.
663. Cosaque, à M. de La Brosse-Flavigny, 1er prix.
664. Sibère, à Mme la vicomtesse Lepic, 2e prix.
665. Ilka, à M. le vicomte J. M. Cornely, 3e prix.
666. Czar, à M. G. Randon, 4e prix.
667. Pacha, à M. Haimmebrath, 5e prix.
668. Redowa, à M. du Mas, 6e prix.

LEVRONS ET LEVRETTES

Pas de 1er prix.

669. Folette, à Mme Barré, 2e prix.
670. Léda, à M. Ravry fils, 3e prix.

LEVRONS NUS

671. Miss, à Mme Rihal, 1er prix.
672. Pékin, à Mme Rihal, 2e prix.
673. Miss, à M. Roose, 3e prix.

CHIENS DE LUXE A LONG POIL

674. Kou-Niang, épagneul chinois, à Mme la marquise de la Mothe-Fénelon, 1er prix.
675. Lala, épagneul king-charles, à M. Boulet, 2e prix *ex æquo*.
676. Dolly, épagneul japonais, à Mlle Drulin, 2e prix *ex æquo*.
677. Tou-chung, épagneul chinois, à Mme la marquise de la Mothe-Fénelon, 3e prix.

PETITS CANICHES

678. Punch, à M. Livaund, 1er prix *ex æquo*.
679. Sidi, à Mme Copine, 1er prix *ex æquo*.
680. Rosa, à Mme Roëlandts, 2e prix *ex æquo*.
681. Princesse, à Mme Pircher, 2e prix *ex æquo*.
682. Rubis, à M. Lachaud, 3e prix.
683. Boby, à M. de Lacroix, mention.

CHIENS DE LUXE A POIL RAS

684. Roquelaure, toy-terrier, à M. Boulet fils, médaille d'honneur de 200 francs offerte par la ville de Neuilly.
685. Toby, à M. le vicomte Cornély, 1er prix.
686. Pearl, à M. Collinet } 2e prix *ex æquo*.
687. Miss, à M. Désiré Boulet } 2e prix *ex æquo*.
688. Yang-tsé-Kiang, carlin chinois, à M. Vapereau, 3e prix.

TERRIERS NAINS

689. Linda, à Mme la comtesse de La Ferronnays, 1er prix.
690. Tom, à M. Boulet fils } 2e prix *ex æquo*.
691. Dick, à M. Pinson } 2e prix *ex æquo*.
692. Prince, à M. Ravry fils, 3e prix.
693. Sonora, terrier du Mexique, à Mlle Fourmariez, 4e prix.

PRIX OFFERTS AUX PIQUEURS

Par l'administration du Jardin d'acclimatation

POUR LA BONNE TENUE DE LEUR MEUTE

1re médaille d'or à M. Pierre Salmon, piqueur chez M. de Vatimesnil.

2e médaille de vermeil à M. Elie Lamy, dit Bill, piqueur chez M. le prince d'Aremberg.

3e médaille d'argent à M. Isidore Barrot, piqueur chez M. le vicomte de Greffulhe.

4e médaille d'argent à M. Philippe Gonneau, piqueur chez M. le comte E. de Pully.

5e médaille d'argent à M. Claude Péjono, dit Trotty, piqueur chez M. le comte Le Coulteux de Canteleu.

6e médaille de bronze à M. Léopold Emery, dit La Rosée, piqueur chez M. Raoul Treuille.

7e médaille de bronze, à M. Joseph Robert, piqueur chez M. le marquis de Lentilhac.

MINISTÈRE DE L'AGRICULTURE ET DU COMMERCE

EXPOSITION UNIVERSELLE INTERNATIONALE

DE 1878, A PARIS

Groupe des Animaux vivants.

CLASSE 82. — ESPÈCES CANINES

Exposition du 28 juin au dimanche 7 juillet inclus

MEMBRES DU JURY

MM. Saint-Yves-Ménard, sous-directeur du Jardin d'acclimatation du Bois de Boulogne; Gindre-Malherbe, Pierre Pichot, etc.

LISTE DES RÉCOMPENSES

CHIENS D'AVEUGLES

694. TURCO, à M. Chéron, 2 *bis*, rue de Morny, Paris, médaille d'or.

695. X..., caniche, à M. Verson, 25, rue de l'Hirondelle, à Paris, médaille d'argent.

696. FOLLICHE, à M. Baudry, 45, rue du Chemin-Vert, à Paris, médaille de bronze.

697. FRISETTE, à M. Serrane, 19, rue Alain-Chartier, à Paris, médaille de bronze.

CHIENS DU MONT SAINT-BERNARD

698. PRINCE, à M. Macdona G. de Landre, Hildre Houx, West-Kirby (Cheshire), médaille d'or.

699. Barry, à M. Sidney (W. S.), York-Road, 79 Leeds, médaille d'argent.

700. Sultan, à M. Boss, à Grindelwald, canton de Berne, médaille de bronze.

CHIENS DE BERGER

701. Wonder, à M. Alston (R.) Leigh, Lodge, Sale, Manchester, médaille d'or.

702. Molosse, à M. Koch, à Airaines (Somme), médaille d'argent.

703. X..., de Brie, à M. Bocquet, à Paris, avenue d'Ivry, 118. Médaille de bronze.

704. Scot, à M. Petrie (W. H.), Bomo, Terrace Rochdale, médaille de bronze.

CHIENS DE TOUCHEURS DE BŒUFS

705. X..., à M. Bocquet, à Paris, avenue d'Ivry, 118, médaille d'argent.

706. Scot, à M. Ashwin (M.) Cross. The Hill-Farm, près Straford On-Avon, médaille de bronze.

CHIENS DE TERRE-NEUVE ET DU LABRADOR

707. Terre-Bonne, à M. Masson, à Villeblevin (Yonne), médaille d'or.

708. Sultan, à M. Allibert, à Valence (Drôme), place Championnet, médaille d'argent.

709. Turc, à M. de Lestang, à Ranville-Breuillaut (Charente), médaille d'argent.

710. Marco, à M. Friedmann-Friedland, à Paris, rue de Morny, 75, médaille de bronze.

711. Mintra, à M. Friedmann-Friedland, à Paris, rue de Morny, 75, médaille de bronze.

www.ingramcontent.com/pod-product-compliance
Ingram Content Group UK Ltd.
Pitfield, Milton Keynes, MK11 3LW, UK
UKHW020425230726
13925UKWH00004B/1606

9 782013 632713